LA PAIX

OU

UNE GUERRE DÉFENSIVE.

CONSIDÉRATIONS POLITIQUES

SUR

L'ÉTAT DE L'EUROPE,

PAR P. DE BEAUVAIS.

PARIS.

E. DENTU, LIBRAIRE-ÉDITEUR,

PALAIS-ROYAL, GALERIE D'ORLÉANS,

1867.

CONSIDÉRATIONS POLITIQUES

SUR L'ÉTAT DE L'EUROPE.

1° Introduction.

Si nous pensions en écrivant ceci, n'ajouter qu'un système ou des utopies à tout ce qui a été fait, écrit et dit en Europe depuis bientôt deux ans, nous garderions le silence. Mais nous nous sentons poussé par une force qui nous domine ; nous croirions faire un acte déloyal et indigne en taisant ce que nous croyons être la vérité. Nous affirmons qu'il nous faut cette conviction profonde, pour nous arracher à cette vie obscure et cachée, qui, si elle n'a pu nous laisser indifférent à tout ce qui intéresse notre pays, aura toujours eu pour nous cet avantage, de nous isoler de tous les partis, de toutes les passions, et de nous laisser le cœur et l'esprit libres, pour porter sur les choses et sur les hommes un jugement impartial et désintéressé.

2° La Paix & la Guerre.

Quand on considère l'état présent de l'Europe, la paix semble impossible, — la guerre, absurde et monstrueuse. — Il y a de toutes parts des efforts inouïs, pour arriver à la destruction rapide et assurée de l'espèce humaine, — sur mer et sur terre, — il y a de gros et de petits canons. On ne parle que d'inventions atroces qui chaque jour amènent de nouvelles expériences. — L'Europe met debout tout ce qui peut tenir une arme dans sa main. — Elle s'est abîmée de dettes à ce triste et déplorable jeu. Va-t-elle enfin s'arrêter ? Nous l'ignorons. Mais nous ! nous, la France sur laquelle tous les yeux sont fixés, qu'allons-nous faire ? ce qui est absurde et monstrueux ! — faire la guerre ! Avons-nous besoin de dire que nous sommes sans crainte !... Sachons attendre chez nous, et ce qui semble impossible arrivera : l'Europe conservera la paix.

3° Du Pouvoir souverain.

En portant un regard libre, ferme et respectueux tout ensemble, sur les familles souveraines qui règnent en Europe ; et aussi sur celles qui déchues, regardent de loin la patrie dont elles ont emporté le culte au fond de leur cœur, il y a je ne sais quoi d'étrange et d'inconnu qui se remue au fond de la conscience. — Cette religion du serment, ce culte de l'homme divinisé en quelque sorte aux yeux des peuples, où cela se rencontre-t-il à l'heure présente ? En voyez vous même la moindre apparence ? Y a-t-il un être humain doué de sens et de raison, et voulant en faire libre usage, qui essaie de nier l'affaiblissement ou l'anéantissement de la puissance souveraine, dans l'exercice direct et personnel de cette puissance ? La société européenne est démocratisée jusqu'à la moelle des os, jusqu'au fond des entrailles. — Les familles impériales et royales qui n'ont pour elles que le droit, appelé droit divin, ne possèdent plus que l'ombre d'un pouvoir qui s'éteint et qui va disparaître. — Elles nous ont fait et nous font éprouver cette sensation douloureuse, qui nous étreint et même nous épouvante, en présence de cette dernière lutte de la vie s'échappant du corps d'un homme qui se débat contre un mal sans remède. — En effet, le jour où le dogme politique de la souveraineté du peuple a remplacé ce qu'on appelait légitimité ou pouvoir de droit divin, — les familles qui étaient assises sur les différents trônes de l'Europe ont dû comprendre, et celles qui n'auraient pas encore ouvert les yeux doivent comprendre aujourd'hui, que l'autorité suprême n'est plus, ne peut plus être qu'une délégation. — Il est impossible de ne pas constater le progrès incessant et rapide de l'Association, qui sous une multitude de formes, en France comme en Allemagne et en Angleterre, et bientôt plus loin, forme déjà et formera de plus en plus, une masse compacte et homogène, dont l'action économique, mais aussi forcément politique, finira nécessairement par absorber partout les éléments auxquels se rattachent les pouvoirs qui essaient encore de lutter contre la démocratie européenne. — Chaque jour une barrière tombe, et pendant que la politique s'évertue à chercher le point d'appui qui doit maintenir l'équilibre européen, et que faute de le trouver, les uns proclament la guerre et les autres veulent la paix, un mouvement profond, irrésistible, qu'il est du devoir de tout homme de cœur et d'honneur de suivre, en faisant tous ses efforts pour le maintenir, entraîne la société moderne. Eh bien ! nous avons une justice à rendre ici, et nous le faisons sans hésiter. Il y a un homme, un souverain, qui voit, qui suit ce mouvement ; et ce n'est pas sans quelqu'émotion que son œil inquiet, mais non troublé, plonge dans l'avenir un long regard. Napoléon III a compris que nous sommes arrivés à une de ces heures suprêmes, qui remettent entre les mains d'un homme et d'une nation les destinées du monde. L'homme c'est lui, la nation c'est la France.

4° Responsabilité du Pouvoir souverain.

Cela ne saurait être autrement ; mais nous voudrions voir cette responsabilité partagée avec les Ministres. — Deux trônes, renversés en 1830 et en 1848, avaient montré suffisamment que le pouvoir souverain n'était pas inviolable. Aujourd'hui, l'Empereur en assumant vis-à-vis de la nation la responsabilité de son gouvernement, en avait conclu que les Ministres ne pouvaient être que des chefs d'administration, rien de plus. — Le rôle des représentants s'est trouvé également subordonné. — Cette situation s'est prolongée longtemps, et elle n'était pas sans danger. — Mais un pas a été fait hors de cette voie, et d'autre pas plus hardis suivront. — Nous sommes de ceux qui croient que Napoléon n'a favorisé et élargi les institutions démocratiques, que pour leur donner, ou pour mieux dire, leur reconnaître tout le premier, le droit de posséder l'air et l'espace qu'il leur faut pour vivre et pour se developper. Nous affirmons, sans crainte d'être démenti, que le pouvoir le plus fort, fût-il armé jusqu'aux dents, viendrait se briser nécessairement contre le granit démocratique. Des ministres tant habiles soient-ils, ne peuvent rien avec cette absence de responsabilité. — Qui s'occuppera, dans les quinze années qui viennent de s'écouler, des ministres qui se sont succédés à la tête des différentes administrations ? quelle trace de leur passage ? — Toute la responsabilité repose sur une seule tête, n'est-ce pas un peu lourd ? — Le passé est le passé, mais bien malheureuse serait la nation pour laquelle l'expérience du passé serait perdue. C'est déjà un rôle assez élevé et assez grand, que de parler au nom de la

France, dans les occasions solennelles où les destinées d'un peuple, et la paix de l'Europe sont en question ! mais assumer soi seul, et sur soi seul, une responsabilité absolue, c'est un danger, et pour le souverain, et pour le pays.

5° La France et l'Allemagne.

Avouons-le sans hésiter, notre pays pendant quinze ans a présenté au monde le plus étrange des spectacles, sous un gouvernement libre de tout contrôle et dégagé de toute entrave, accepté tel par le peuple le plus jaloux de liberté et d'égalité. — Nous avons vu un seul homme, ayant à sa disposition toutes les ressources de la France, faire la paix et la guerre, en Crimée, en Italie, à l'extrême Orient ; essayer d'établir en Amérique un pouvoir pondérateur de la république des États-Unis, et placer ce pouvoir entre les mains d'un descendant de Charles-Quint ! laisser l'Italie s'unifier, tout en voulant maintenir le pouvoir temporel du Pape. — Enfin apercevant devant lui les difficultés presque insurmontables d'une situation aussi anormale, il s'est arrêté !! Et chose plus étrange encore ; les idées de la démocratie la plus avancée ont marché avec une telle et si énergique persistance, elles sont à l'heure présente si vivement et si profondément enracinées en nous, qu'il faut savoir leur donner l'impulsion, la direction et aussi les satisfactions légitimes auxquelles elles ont droit : tout ce que notre pays possède d'âmes généreuses, d'esprits éclairés, d'hommes de bon sens, ne doit pas hésiter à laisser de côté tout esprit de parti, dans n'importe quel sens, pour se faire, dans la mesure de sa force et de sa capacité, *des hommes pratiques*, mettant à la bonne direction de ce mouvement, toute l'énergie d'une volonté qui défend et sa propre conservation et celle de son pays.

Maintenant, si nous considérons ce qui se passe en Allemagne, nous voyons le gouvernement le moins démocratique dans son essence, se servir du mouvement et des idées qu'il a combattus jusqu'à la veille de Sadowa, pour précipiter la constitution unitaire de l'Allemagne !! Il y a une chose qui doit sauter aux yeux de tout homme qui veut y réfléchir, c'est que ce mouvement d'unification en se complétant, absorbe aussi bien la puissance qui s'en sert aujourd'hui, que les autres états de l'ancienne confédération germanique. Mais cette puissance dont la maison souveraine va être appelée à monter sur le trône impérial, et dont le chef s'appelle aujourd'hui *Roi*, et va s'appeler demain *Empereur*. — Eh quoi ! ayant à réunir en un seul tout, les éléments divers du nouvel État, quelle étrange fantasmagorie, que de se le représenter tout aussitôt à cheval, suivi de l'Allemagne entière !!! nous parlerons de cela plus loin. — Bornons nous à constater, que l'Allemagne a fait le même chemin que nous dans les idées démocratiques ; qu'elle est loin comme nation d'être hostile à la France ! Si une façon commune de penser et de sentir est la base d'une union forte et durable, les deux nations n'en viendront certainement jamais aux armes.

6 L'Autriche.

L'Autriche n'a pas perdu un pouce de son territoire propre, après la bataille de Sadowa. — Eût-elle été victorieuse, — elle n'eût pas moins été obligée d'abandonner la Vénétie ! — Et la Confédération Germanique ne pouvait résister aux germes de dissolution qui se trouvaient dans son sein. — C'eût été peut-être François-Joseph ou un prince de la famille régnante d'Autriche qui fût devenu empereur d'Allemagne ! — Eh bien ! dans l'intérêt de l'Allemagne, dans celui de la France, dans l'intérêt de la paix de l'Europe, il est mille fois préférable que l'Allemagne se constitue en dehors de l'Autriche, et que l'Autriche, elle, devienne au moment des événements qui se préparent en Turquie, l'empire qui balancera dans l'absorption de cette dernière puissance, la Russie soutenue par les États-Unis. Il faut que l'Autriche soit, et surtout devienne un grand et puissant empire. — C'est le vœu que nous devons former pour elle, tous nos efforts doivent tendre là, c'est l'intérêt de la civilisation.

7° La Russie.

Si nous nous arrêtons uniquement à considérer cet empire, dans sa vaste étendue, dans le nombre des soldats qu'il peut mettre sur pied, — si nous remarquons dans le souverain cette double qualité de chef religieux et de maître presque absolu d'une des plus grandes monarchies qui aient jamais été, — nous n'avons qu'à courber humblement la tête, et à faire de la politique de préservation ! — Eh quoi ! ce colosse déjà si menaçant, nous allons le voir à Constantinople, maître des Dardanelles et de la Mer Noire. — Tout le reste a été dit, j'en fais grâce ; eh bien oui, celà doit arriver ainsi, et comment voulez-vous qu'il arrive autrement ? dites, proposez. — Mais après, oui après. — Examinez bien l'incroyable diversité en toutes choses qui va se trouver dans cet empire, dont l'immensité raconte plus haut que tout ce qu'en pourait dire la nécessaire instabilité ! — Ceci va vous paraître une parole bien téméraire. — Si le Czar eût été assis sur le trône de Constantinople il y a dix ans, la Pologne vivrait. — La Russie, comme tous les états qui lui ont ressemblé dans l'histoire du passé, a une destinée qui lui est propre, et cette destinée la pousse à absorber la Turquie. Celà peut être retardé sans doute, comme nous avons vu par la guerre de Crimée, — mais le moment nous semble arrivé ; et la politique devra chercher ailleurs, encore une fois l'équilibre si cher au génie des diplomates. — Pour nous, nous demeurons convaincu que la France ne sacrifiera pas un homme, ni un vaisseau, et ne tirera pas un coup de canon, pour retarder d'un jour la chute de la Turquie.

8° Liberté pour l'Allemagne de se constituer.

Nous nous glorifions de notre unité, comme institutions, comme mœurs et comme lois, et nous ajouterons, comme amour de notre Patrie ! En Alsace, en Lorraine, en Franche-Comté, comme en Champagne et en Normandie, c'est le même esprit, le même cœur ! Pourquoi les Allemands ne feraient-ils pas comme nous, et ne formeraient-ils pas qu'un seul et même État ? Vous dites : notre intérêt s'y oppose. Étrange raison ! Je réponds que vous vous trompez, et que mieux mille fois vaudrait pour la paix de l'Europe et pour la prospérité de la France, une Allemagne complète, et complètement maîtresse d'elle-même et de ses destinées, que ces petits États qui nécessairement sont entraînés à la suite du plus fort et du plus puissant. Non-seulement le droit pour l'Allemagne de se constituer en nation, *Une*, et ne formant comme nous qu'un seul État, sous un Gouvernement unique, nous paraît indiscutable ; mais nous appelons de tous nos vœux le jour où nous n'aurons à notre frontière que des Allemands, et où les noms de Prussiens, de Saxons, de Bavarois, de Wurtembergeois, ne subsisteront plus que pour représenter les habitants des diverses provinces du grand Empire Allemand.

9° Intérêt pour la France à demeurer dans ses limites actuelles.

Avons-nous assez de territoire pour former une grande et puissante nation ? Quand nous irions jusqu'au Rhin, avec la Belgique et le reste, serions-nous plus puissants, plus grands, plus riches, plus assurés de posséder sûrement, tranquillement et longuement, **ces** deux biens essentiels au bonheur d'un peuple : la paix et la liberté. Non, mille fois non ! nous le savons tous, — et d'ailleurs pourquoi supposer à nos voisins, Belges et Allemands, moins d'amour pour leur patrie, qu'à nous pour la nôtre, — quand de l'autre côté du Rhin, des voix insensées et téméraires s'élèvent pour réclamer l'Alsace et la Lorraine comme pays Allemands, — nous n'avons pas plus le droit de nous en plaindre, que lorsque chez nous on prétend aux frontières du Rhin, et que le patriotisme Allemand s'en indigne. — Et pourquoi les frontières du Rhin ? jusqu'à la mer du Nord, sans doute ? parce que ce sont nos bornes naturelles, dit-on. — Pourquoi ces bornes-là sont-elles plus naturelles que celles qui existent aujourd'hui du côté de la Belgique, et du côté de la Suisse ? il y a plus de cinquante ans que c'est ainsi : celà n'a pas empêché la France de devenir ce qu'elle est aujourd'hui : — la grande nation ! ce qu'elle sera toujours de plus en plus, si elle se tient dans les limites où elle se trouve, — sans prétendre à un pouce de territoire de plus que celui qu'elle possède.

10° Des Agrandissements de Territoire.

Il y a des agrandissements de territoire qui sont pour ainsi dire dans la force des choses ; ainsi en Amérique : que les États-Unis ne s'arrêtent qu'à l'isthme de Panama, qu'ils absorbent naturellement tout ce qui n'est pas encore à eux au nord, qu'il ne reste pas dans toute la partie septentrionale un seul coin de terre qui ne relève du congrès de Wasington, cela se comprend, se pressent pour mieux dire, car c'est dans la logique des faits préexistants ; mais que ces mêmes États-Unis s'en prennent aux colonies anglaises, françaises et espagnoles, ce serait la plus grande faute politique et surtout économique qu'il fût possible de commettre. — Je me souviens avoir souvent lu

et entendu dire qu'ils convoitaient la Havane, on disait : Telle expé-
dition est prête ! elle va agir : le gouvernement de Wasington sait
mieux que personne qu'il se porterait à lui-même un coup funeste,
en touchant aux colonies dont nous venons de parler. — De même en
Europe, tout agrandissement de territoire qui n'a pas sa raison
absolue d'être, est, en même temps qu'un danger pour la puissance
absorbante, un crime de lèse-civilisation, un obstacle au sage progrès
des lumières et de la liberté.

11° Avantages d'une Guerre défensive.

On dit chaque jour : La guerre est inévitable, nous aurons la guerre,
ce sera une guerre européenne, que sais-je encore!! qui commencera?
et d'abord, pourquoi nous? —Voilà ce que nous demandons : attendons
l'ennemi, et nous verrons. — Comment, parce que des journaux ins-
pirés par tel ou tel parti, chercheront à exciter l'opinion publique!
parce qu'un ministre, plus ou moins habile (l'avenir dira le dernier
mot), s'adressera à la démocratie allemande, qui a nos sympathies,
en demeurant personnellement dans les idées d'absolutisme qui sont
l'essence même de sa nature, et voudra précipiter le dénouement
d'une constitution, qui se fera certainement, mais qu'il est désirable
de voir se faire avec la sagesse et la maturité qui caractérisent la
grande nation allemande ! quoi encore ? parce que chez nous telles
ou telles impatiences se manifesteraient pour nous engager dans les
aventures ? — pour tout cela nous aurions la guerre !! nous ferions
la guerre ! Eh bien, non ! Mais qui sait pourtant ! Oh alors ! vienne
l'heure des combats ! la France est debout, elle attend. Qui donc
osera ! elle vous l'a dit ; elle le répète : elle ne demande rien pour
elle, que ce qui est à elle ; elle vous parlera sans hauteur, sans dédain,
mais avec fermeté et vérité. Si on commet une injustice, elle dira au
monde : ceci est injuste ; elle l'a fait quand vous avez opprimé le
faible Danemark , elle le fait encore en voyant vos tendances ; mais
en élevant la voix, elle ne sait pas descendre à l'injure, ni aux vaines
menaces ; elle respectera le droit de l'Allemagne, plus que vous ne
l'avez respecté vous-mêmes, ministre, impatient d'une gloire et
d'une grandeur qui ne seront pas pour vous ! Vous avez besoin de
la guerre ! vous ! peut-être ! mais la France, mais l'Allemagne, mais

votre propre Souverain, auquel vous retenez le bandeau sur les yeux,
tous ont besoin de la paix.

12° Empire d'Allemagne.

Nous avons dit que nous reconnaissions à l'Allemagne le droit
d'être un État *Un*, sous un seul chef ; ce serait à se rire au nez à soi-
même que d'insister à cet égard. Qu'il se fasse sur ce sujet des dis-
cours pleins de science historique et de considérations de haute
politique, nous y applaudirons tout le premier. Nous ne sommes pas
insensible à ce beau langage qui rappelle le grand siècle : à cette
conviction, à cette précision, à cette lucidité de la parole, reflet de la
lucidité de la pensée ; — mais le droit du voisin, n'est-il pas écrit et
contenu dans notre propre droit ? et ce que nous sommes nous-mêmes,
il n'aurait pas le droit de le devenir ? et nous le devoir de ne pas
nous y opposer ! — Je dis plus, je l'ai dit déjà, je le répète : c'est notre
intérêt (le devoir et l'intérêt sont souvent plus rapprochés qu'on ne
le suppose)... Mais l'Autriche, notre alliée ! qui vous blâme en ceci !
tant mieux, si l'Autriche est notre alliée ! non pas contre l'Allemagne !
jamais contre l'Allemagne. C'est celle-ci qui est, qui doit être notre
alliée, notre sœur, unie à nous par des liens indissolubles !!! C'est
ce grand empire du centre qui, comme un mur d'airain, arrêtera tous
ceux qui voudraient arriver jusqu'à nous ! mais qui donc y songe !
et quand nous aurons répété aux ambitieux, aux imprudents, qu'il
y a une chose qui pour nous passe avant tout, le respect des droits
et du bien d'autrui ; parce que nous voulons qu'on respecte notre
bien et nos droits. — Laissons faire et dire à Monsieur de Bismark
tout ce qu'il voudra, et demeurons assurés que s'il monte à cheval,
la patrie allemande ne se mettra pas en croupe derrière lui. Que
l'Allemagne se constitue dans toute l'étendue de son territoire : c'est
son droit ; qu'elle se donne le chef qui lui conviendra : c'est encore
son droit ; nous n'aurons pas le Rhin entre-nous, tant mieux !...
Sans quitter le sol de la patrie, nous pourrons nous serrer la main !

13° Empereur ou Chef du nouvel État.

Qu'importe la famille appelée à régner sur le nouvel État, du
moment qu'il absorbe en même temps que la Saxe et le Hanovre, la

Hesse, la Prusse, le Wurtemberg et le reste. La voilà donc créée, cette grande nation! dont l'origine se mêle avec la nôtre!! Fille de Charlemagne, et sœur des Francs, — à elle seule, aux efforts unis et persévérants de tous ses enfants, revient la gloire de son existence! Nous avons applaudi à la formation de l'Empire nouveau, nous avons salué des premiers le chef Souverain que dans sa liberté, s'est choisie la nation... C'est un successeur du grand Fréderic, direz-vous, c'est glorieux pour lui sans doute, mais est-ce que la France règne en Suède dans la personne d'un des fils d'un simple citoyen français? Est-ce qu'en Espagne, à Naples, les Bourbons étaient encore français? C'est bien autre chose avec l'esprit nouveau. Pour nous, pour l'Europe, pour l'Allemagne surtout, c'est le Chef de l'État allemand; il n'est ni prussien, ni bavarois, ni saxon, *C'est l'Empereur d'Allemagne!..* et il faut tout d'abord qu'il s'applique à rendre homogènes toutes les parties de l'empire, pour arriver complètement à cette unité que le temps a faite chez nous, et qui, nous le reconnaissons, peut se faire plus promptement aujourd'hui, *mais pas en un seul jour.* Le premier, le plus impérieux besoin de l'Allemagne unifiée, c'est LA PAIX!... L'alliée la plus précieuse pour l'Allemagne, la plus nécessaire à son développement politique, industriel, commercial, à sa bonne constitution en un mot, c'est LA FRANCE.

14° La France et l'Angleterre.

La France et l'Angleterre resteront-elles alliées? Nous ne voyons rien dans le présent, et nous ne pouvons rien prévoir dans l'avenir, qui puisse rompre une alliance sans laquelle il nous est impossible de comprendre, nous ne dirons plus l'équilibre européen, mais l'existence même de la société européenne. Est-ce à dire pour cela que si l'Angleterre, empire maritime, a des difficultés avec les Etats-Unis, nous irons comme les frères d'armes du Moyen-Age, nous engager à tort et à travers dans une cause qui de loin comme de près n'est pas la nôtre. Ce serait tout simplement absurde, et l'Angleterre sera la première à le reconnaître: de même que si la France, puissance continentale, s'engageait dans une guerre offensive quelconque, nous n'aurions rien à demander à l'Angleterre. Mais dans cette grande et suprême action de la justice à rendre à chacun, de cet arrêt, mûrement réfléchi, délibéré publiquement avec les représentants du pays, et dénoncé à la face du monde entier condamnant et flétrissant ce qui est coupable; rappelant au respect du droit ceux qui s'en écartent ; c'est là que je veux voir l'action magnifiquement unie de l'Angleterre et de la France. — Mais si cette parole vient à être méprisée? — Elle ne le sera pas. — Les peuples seraient des premiers à punir l'injustice de leurs gouvernements ! et les gouvernements plus attentifs, respecteront des droits sacrés pour être respectés eux-mêmes.

15° L'Angleterre et les États-Unis.

La guerre est-elle probable entre l'Angleterre et les États-Unis ? Nous ne le pensons pas. Que les possessions de l'Amérique du Nord qui appartiennent encore à l'Angleterre passent aux États-Unis, c'est inévitable. Il n'y a pas un homme de sens et de réflexion qui puisse prévoir autrement. Si c'est inévitable, une guerre faite à ce sujet serait absurde. Mais la rivalité au sujet de la prépondérance sur les mers du monde ? le souvenir de l'intervention iudirecte de l'Angleterre dans une lutte fratricide ? Tout cela est plus ou moins grave. Nous dirons pourtant avec une presque certitude, que la communauté d'origine, la haute raison, le sage tempérament des deux nations sont un gage assuré de paix et de concorde. Il y a encore un autre côté de la question à envisager : c'est l'action prévue et certaine des États-Unis dans le partage de la Turquie, en faveur de la Russie. Là encore, pourquoi la sage Angleterre ferait-elle la guerre ? Qu'elle punisse un barbare qui retient captifs quelques-uns de ses enfants, nous lui battons des mains ; elle est grande aussi bien que prudente ! Mais que l'empire Russe s'allie aux États-Unis pour abattre un fantôme et posséder des ruines, l'Angleterre et la France ne nous semblent avoir aucun droit de s'opposer à cette alliance. Non, non, Constantinople n'est pas l'empire du monde !!. Le César romain, en y venant, en a fait la capitale d'un *Bas-Empire*, sous les Turcs, vous voyez ce qu'elle est devenue, ce sera la nécropole de l'empire Russe.

16° Partage de la Turquie.

Parlons-en comme d'une succession ouverte. — Le mort saisit le vif, dit énergiquement notre langue juridique. Eh bien l'Europe est saisie, qu'elle s'entende sur la question de partage, un des héritiers voudrait bien pouvoir dire : je prends tout, mais il devra se raviser en regardant l'Autriche, et il trouvera juste de lui faire une part ; c'est au profit de cette dernière que tous les autres États devront renoncer purement et simplement à tous droits dans l'héritage si longtemps et si impatiemment attendu par la Russie. — Toute la question, suivant nous, se résume à faire à l'Autriche la plus large part qu'il sera possible à l'embouchure du Danube, et nous nous proposons dans le chapitre suivant d'indiquer qu'elle nous semble devoir être la transformation de l'Europe, en prenant pour point de départ les faits récents, et les dispositions générales des esprits, et aussi la nécessité des choses. Les cinq grandes puissances qui, avec les États-Unis, sont appelées à diriger les destinées de l'Europe et du monde, auront avec une action propre à chacune d'elle, une action commune, que la paix seule peut rendre utile et profitable aux peuples et à leurs gouvernements.

17° Les cinq grands États de l'Europe.

Nous nommerons en premier lieu la Russie dont la masse et l'étendue ne sont pas plus menaçantes pour nous que ne l'était pour Athènes et Sparte, l'empire des Perses du temps des Miltiade, des Thémistocle et des Léonidas, la Russie avec Constantinople, et la plus grande partie de la Turquie. — Au centre, l'Allemagne. Au centre encore, en allant vers l'est et le sud-est, l'Autriche agrandie et relevée, l'Autriche avec la noble et valeureuse Hongrie. L'Angleterre, empire maritime, avec sa grande puissance coloniale. Enfin celle que je n'ai pas encore nommée, et pour laquelle je ne demande pas un pouce de territoire nouveau, parce que sa grandeur n'est pas là !!! et que nous ne voulons pas la voir déchoir. — Voilà les cinq grandes puissances européennes qui nous paraissent avec de nouvelles limites pour trois d'entre-elles, devoir être prépondérantes dans la partie du monde que nous habitons ; d'autres états pourront sans doute avoir leur place à côté de la France, de la Russie, de l'Autriche et de l'Allemagne ; l'Italie dont l'existence est encore un problème, la Suède, le Danemark, la Belgique et la Hollande, l'Espagne et le Portugal, la Grèce elle-même, pourront avoir leur existence, tantôt calme et paisible. tantôt incertaine et agitée ; mais la grande et décisive action pour l'intérêt général des peuples, se trouvera surtout dans les deux puissances qui n'auront rien recherché pour elles-mêmes, rien acquis, rien ambitionné, que la paix générale et le bien de l'humanité.

18° Destinées de la France. — Conclusion.

Aurions-nous donc besoin pour avoir cette influence, ce prestige que personne ne nous a jamais contestés, de posséder en fait de territoire, autre chose que ce que nous possédons aujourdhui ? — Rien de plus, rien de moins, — tel nous apparaît le véritable intérêt de notre pays. Il est un règne plus glorieux mille fois pour la France !! c'est de commander aux cœurs, aux esprits, aux intelligences ! — c'est de protéger partout le développement de tout ce qui contribue au bonheur et au perfectionnement moral et intellectuel des peuples. Vous direz encore : elle est méprisée la voix de celui dont le bras n'est pas armé !! méprisée... oui, quand elle fait entendre de vaines menaces, ou des chants et des paroles d'insulte ou de dédain. — A quoi bon rappeler le passé, quand il a eu ses alternatives de gloire et d'humiliations, de succès et de revers. Bien des siècles se sont écoulés depuis que pour la première fois, fleuves et montagnes ont été franchis et surmontés par des armées victorieuses au départ, puis vaincues. — Romains et Barbares, Germains et Francs (leurs noms seuls rempliraient des volumes), jusqu'à hier ce fleuve dont le nom rappelle le berceau de notre monarchie et les luttes de Rome, avec ces peuples héroïques qui n'ont jamais subi la conquête ; oui, jusqu'à hier encore, il a été, et même il est à l'heure présente, l'objet de convoitises ardentes et de déclamations insensées. Ce noble fleuve du Rhin, né libre sur une terre libre, ah ! puisse-t-il féconder de ses ondes la patrie d'un peuple libre et heureux !! Si après avoir touché le sol de la France, comme pour s'y gonfler de gloire et d'amour désintéressé des peuples, il s'enfuit rapide, à travers ces généreuses populations, qui jusqu'à la mer du nord, fleurissent prospères sur ses rives ! — Pourquoi, nous, le peuple juste et grand, franc par le cœur comme par l'origine, mêlerions-nous du sang au limpide élément de ses eaux ? — Qu'elles tombent, qu'elles disparaissent à jamais ces barrières devenues inutiles ! que la frontière d'un État soit comme la borne qui sépare un champ du champ voisin ! Si c'est un fleuve pouvant porter ces flottilles marchandes qui répandent au loin la richesse et le bien-être ; si c'est la mer : que ce fleuve, cette mer, soient librement ouverts aux pavillons de tous les pays du monde ; si c'est une montagne ; qu'elle se nomme les Alpes ou les Pyrénées, n'avons nous pas vu, ne voyons-nous pas chaque jour que le génie humain triomphe de ces obstacles regardés autrefois comme insurmontables ! Mais ces immenses progrès, ces conquêtes pacifiques ! fruit du génie, de la patience et du travail, que deviennent-ils avec la guerre? Notre destinée à nous, n'est pas, ne peut ni ne doit être d'arrêter l'essor de ce mouvement, dont nous avons été et dont nous sommes encore les plus féconds initiateurs. — Que si des ambitions coupables autant qu'insensées croient avoir besoin de la guerre pour atteindre un but caché ; nous ne pouvons que répéter encore : sachons attendre.

Nous n'avons plus rien à ajouter à ces réflexions que nous livrons à l'appréciation de tous les hommes sérieux. — Dut notre parole être taxée d'imprudence par les uns, de faiblesse par les autres, de témérité présomptueuse par d'autres encore, — nous répéterons en finissant ce que nous avons dit au commencement de cet écrit: nous avons cru accomplir un devoir obligatoire et sacré... Que ce soit notre excuse, si nous en avions besoin ; que ce soit notre seul honneur, et notre plus précieuse récompense, si notre parole est accueillie et écoutée, et produit quelque bien pour notre patrie.

FIN.

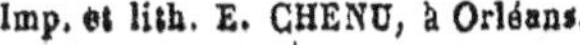

Imp. et lith. E. CHENU, à Orléans.